CANTIGAS E PARLENDAS FAZEM PARTE DO NOSSO FOLCLORE!

CANTE E DECLAME OS TEXTOS. DEPOIS, TREINE A LETRA CURSIVA. A BRINCADEIRA VAI COMEÇAR!

*Borboletinha
Tá na cozinha,
Fazendo chocolate
Para a madrinha.*

DOMÍNIO PÚBLICO

COPIE A PALAVRA:

borboletinha

A casinha da vovó
Cercadinha de cipó.
O café está demorando,
Com certeza não tem pó.

DOMÍNIO PÚBLICO

COPIE A PALAVRA:

café

DE QUEM ERA A CASINHA?

Pirulito que bate-bate.
Pirulito que já bateu.
Quem gosta de mim é ela.
Quem gosta dela sou eu.

DOMÍNIO PÚBLICO

COPIE A PALAVRA:

pirulito

CUBRA O PONTILHADO.

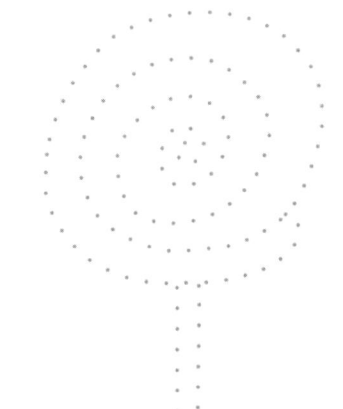

Fui à feira
Comprar café,
E a formiguinha
Subiu no meu pé.

DOMÍNIO PÚBLICO

COPIE A PALAVRA:

feira

PINTE O QUE SE COMPRA NA FEIRA.

Sol e chuva,
Casamento de viúva.
Chuva e Sol,
Casamento de espanhol.

DOMÍNIO PÚBLICO

COPIE A PALAVRA:

casamento

PROCURE NO DIAGRAMA AS PALAVRAS ABAIXO.

SOL – CHUVA – VIÚVA – ESPANHOL

Q	W	E	R	T	Y	C	H	U	V	A
A	S	O	L	D	F	G	J	K	I	L
Z	X	C	V	B	N	M	P	E	Ú	M
E	S	P	A	N	H	O	L	D	V	N
P	I	F	C	J	A	E	P	Z	A	B

Boi, boi, boi,
Boi da cara preta,
Pega essa menina
Que tem medo de careta.

DOMÍNIO PÚBLICO

COPIE A PALAVRA:

menina

ESCREVA UMA PALAVRA INICIADA COM:

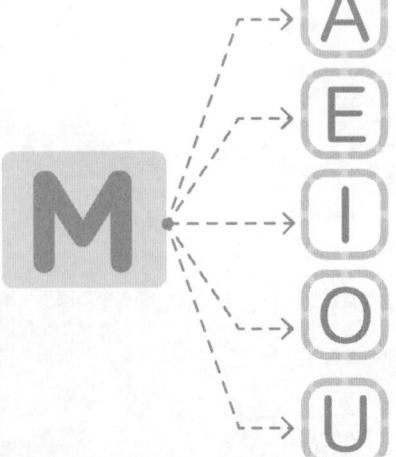

A galinha
Do vizinho
Bota ovo
Amarelinho.

DOMÍNIO PÚBLICO

COPIE A PALAVRA:

galinha

DESENHE 10 OVINHOS.

Era uma vez,
Um gato amarelo.
Esqueceu de comer,
Ficou magrelo.

DOMÍNIO PÚBLICO

COPIE A PALAVRA:

gato

A PALAVRA AMARELO RIMA COM:

VEZ

COMER

MAGRELO